Pfiffige Drahtstern-Kreationen

Ideen für das ganze Jahr

Petra Fritz

Collage Maritim

Seesterne * Abb, Seite 1

Material für Seestern in Türkis

(Abb. Seite1)
2 Drahtsterne, Ø 10 cm ● 29 blaue Wachsperlen, Ø 6 mm ● 165 türkis metallicfarbene Indianerperlen, Ø 3,5 mm ● 5 transparente Abschlussperlen

Material für Seestern in Grün

2 Drahtsterne, Ø 10 cm ● 26 hellblaue Wachsperlen, Ø 6 mm ● 100 grüne Wachsperlen, Ø 4 mm ● 5 transparente Abschlussperlen

Zuerst beide Drahtsterne aufeinander legen und mithilfe des Silberdrahtes kreuzweise über der Lötstelle befestigen. Danach drei Drähte laut Vorlagenbogen auffädeln und mit einer Abschlussperle zusammenfassen. Diesen Vorgang viermal wiederholen und den verbleibenden Draht abschneiden. Nun die Perlendrähte in Seesternform biegen und die Lötstelle mit den übrigen Perlen verzieren.

Bilderrahmen * Abb. Seite 1

Material für Bilderrahmen

1 quadratischer Papp Art Bilderrahmen, 26,5 x 26,5 x 2,5 cm ● 1 Dose carraraquarz Efcostone Steinfarbe ● 1 Dose eisenfarbene Decoupaste ● 1 Beutel Muschelmix ● 10 cm naturfarbenes Juteband ● Sisalfigurendraht, Ø 10 mm, 20 cm lang ● 1 Beutel hellgrünes Erikamoos ● 1 Beutel naturfarbenes Islandmoos ● 2 Bildaufhänger

Zu Beginn den mittleren Teil des Bilderrahmens mit Steinfarbe bemalen, trocknen lassen und eine zweite Farbschicht auftragen. Danach den Rahmen und die Rückseite mit Decoupaste einstreichen. Auf der Vorderseite des Rahmens den Vorgang wiederholen. Nach dem Trocknen mithilfe der Heißklebepistole die Gräser, Bänder und Muscheln festkleben. Anschließend die Seesterne fixieren und auf der oberen Bildrückseite zwei Bildaufhänger anbringen.

Impressum:

ISBN: 978-3-86545-247-4 ▪ Best.-Nr.: 45247

Fotos: Andrea Splietker
Styling: Andrea Splietker
Layout/Satz/Bildbearbeitung: Andrea Splietker
Druck: Merkur Druck GmbH & Co. KG, Detmold ▪ www.merkur-druck-online.de

1. Auflage 2008

Vorwort

Drahtsterne und edel schimmernde Perlen gehen bei diesem Hobby eine wundervolle Verbindung ein. Fenster bestückt mit einem Fensterhänger oder Stern, werden zum Blickpunkt. Ein schön gedeckter Tisch - mit filigranen Blüten und Teelichthaltern dekoriert - wird allgemeine Bewunderung auslösen. Die Anfertigung der verschiedenen Werkstücke ist Dank der Drahtsterne wirklich einfach und führt auch Ungeübte schnell zum Erfolg. Sie können Ihrer Fantasie freien Lauf lassen. Variieren Sie die Perlen und probieren Sie auch andere Farbstellungen aus. So geben Sie Ihren Kreationen eine ganz persönliche Note. Lassen Sie sich überraschen, wie viel Spaß die Beschäftigung mit der neuen Drahtsterntechnik macht.

Ich wünsche Ihnen viel Freude und gutes Gelingen beim Fertigen Ihrer Lieblingsstücke.

Herzlichst Ihre

Petra Fritz

Petra Fritz

Vielen Dank!

Ein Dankeschön an meine Familie, die meine Kreativität so geduldig erträgt. Ferner möchte ich mich bei Frau Christine Kalker für die Arbeiten am PC bedanken. Nur so war es mir möglich auch einige zeitaufwendige Modelle zu verwirklichen.

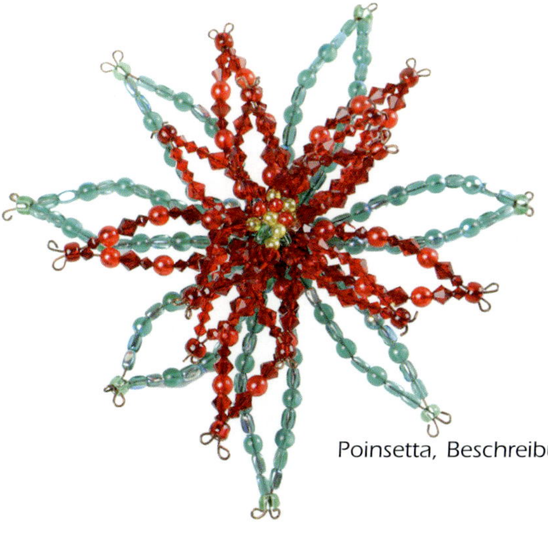

Poinsetta, Beschreibung Seite 31

Material & Werkzeug

- Drahtsterne, Rundzange, Seitenschneider, Schere, Gold- und Silberdraht, Dekofix, verschiedene Bänder, Perlonfaden

Außerdem:

- Swarovski Facettperlen, Strass-Flachsteine
- Wachsperlen
- Glaswachsperlen: Luster, Luster matt
- Glasperlen
- Glasperlen Doppelkegel
- ovale Glasperlen
- Glasperlen Nuggets
- Wachsoliven, Goldoliven, Silberoliven
- Perlkappen: gold, silber
- Strass-Filigranperlen
- filigrane Schmuckperlen
- Silberperlen, Goldperlen
- Abschlussperlen
- silberne Decoupaste
- Pinselset Borste
- Holzspatel
- Keilrahmen
- Steinfarbe (z.B. Efcostone)
- Aludraht
- Kunststffperlen
- Farfalleperlen
- Indianerperlen
- Holzperlen

Genaue Materialangaben finden Sie bei den jeweiligen Motiven.

Strohhut

Material

Drahtsterne: 2 x Ø 10 cm, 1 x Ø 15 cm ● grüne Holzperlen: 36 x Ø 6 mm, 18 x Ø 8 mm ● gelbe Holzperlen, 6 x Ø 4 mm ● orange Holzperlen: 72 x Ø 4 mm, 46 x Ø 6 mm ● braune Holzperlen: 8 x Ø 4 mm, 8 x Ø 6 mm ● Abschlussperlen, Ø 6 mm: 2 x grün, 8 x orange ● Bänder: 1,30 m orange, 1,30 m grün

Dekoblüte für Strohhut ***

Vom Stern (Ø 15 cm) auf jeder Seite drei Drähte zueinander biegen und laut Vorlagenbogen mit Perlen bestücken. Die beiden freiliegenden Drähte abschneiden. Für die Blüte die beiden Drahtsterne (Ø 10 cm) gemäß dem Vorlagenbogen fertigen. Die Blütenblätter versetzt aufeinander legen und mit Draht über der Lötstelle befestigen. Nun die Blüte auf den Blättern platzieren und mit Draht fest verdrehen. Auf die Lötstelle Dekofix aufbringen und die gelben Holzperlen lose einfügen. Danach die Bänder aufeinander legen und mittig verknoten. Diesen Knoten mit der Heißklebepistole am Hut festkleben, Bänder um den Hut legen und nochmals verknoten. Wiederum festkleben, gut trocknen lassen und zum Schluss die Blüte aufkleben.

So wird's gemacht!

Beim **einfachen Stern** werden die Perlen laut Vorlagenbogen auf die Drähte aufgefädelt und die Drahtüberstände mit der Rundzange zur Öse gedreht. Nun den fertigen Stern noch mit einem Aufhängeband oder einem Perlonfaden versehen.

Für einen **Doppelstern** benötigen Sie zwei gleich große Drahtsterne, die immer parallel zueinander gearbeitet werden. Die Perlen auf zwei Stäbe auffädeln und die Drahtüberstände durch eine Abschlussperle ziehen. Nun mit der Rundzange zwei kleine Ösen biegen.

Dreifachsterne arbeitet man mit einem großen Drahtstern (Ø 15 cm, Ø 18 cm) und zwei gleichgroßen kleineren Sternen (Ø 10 cm, Ø 15 cm). Zuerst den großen Stern gemäß dem Vorlagenbogen fertigen. Dann bei einem kleineren Stern zwei nebeneinander liegende Drähte mit Perlen bestücken und um einen Drahtstab des großen Sterns legen. Zum Schluss das Ende mit einer Abschlussperle versehen. Immer parallel arbeiten, dann wird der Stern schön gleichmäßig. Drehen Sie nun den Stern um und arbeiten den zweiten kleineren Stern ebenso in den großen Stern ein.

Der **schwebende Stern** besteht auch aus einem großen Drahtstern und zwei kleinen Drahtsternen. Als Erstes den großen Stern fertigen. Danach den großen Stern zwischen die beiden kleineren Sterne legen und weiter so verfahren, wie in der Anleitung „Doppelstern" beschrieben. Der große Stern schwebt nun zwischen den beiden kleinen Sternen.

Blütenblätter und **Flügel** entstehen, indem man zwei nebeneinander liegende Drahtstäbe durch eine Abschlussperle zieht und die Drahtenden zu Ösen dreht. Danach die Drähte vorsichtig in Blüten- oder Flügelform biegen.

Tipp: Stabilisieren Sie beim Biegen der Drähte die Lötstellen des Sterns mit linkem Daumen und Zeigefinger.

Kompakte Blütenblätter und **Körper** von Schmetterlingen und Biene entstehen durch das Arbeiten mit drei Drähten. Dazu zwei gleichgroße Drahtsterne aufeinander legen und mit Draht kreuzweise über der Lötstelle befestigen. Nun einen Draht vom oberen Stern und zwei Drähte vom unteren Stern mit Perlen bestücken und mit einer Abschlussperle zusammenfassen. Beim zweiten Blütenblatt zwei Drähte vom oberen Stern und ein Draht vom unteren Stern nehmen. Arbeiten Sie immer im Wechsel.

Für Staubgefäße je nach Blütenform bei einem Drahtstern die acht Drähte mit dem Seitenschneider einkürzen und die Perlen gemäß Vorlagenbogen auffädeln. Sind flache Staubgefäße gewünscht, die Lötstelle mit Dekofix bestreichen und die Perlen einstreuen.

Tipp: Alle gezeigten Sterne können auch außerhalb der Weihnachtszeit dekoriert werden. Mit farblich passenden Bändern oder Perlenfädlungen an einer Vase oder einem großen Windlicht angebracht, kommen unscheinbare Gefäße ganz groß raus.

Schwierigkeitsstufen: (*) = einfach
(**) = anspruchsvoll
(***) = für Geübte

Arbeitswerkzeuge wie Rundzange, Seitenschneider, Schere, Drähte, Bänder und Dekofix werden in der Materialaufstellung der einzelnen Modelle nicht mehr aufgeführt.

Frühling

Material und Anleitung der Lilien beziehen sich auf die Abb. Seite 7 und 9.

Lilien **

Material

Drahtsterne: 4 x Ø 15 cm ● Stiftperlen: 8 x goldene gedrehte, 9 x silberne, 2 x Ø 20 mm ● Abschlussperlen, Ø 6 mm: 6 x honigfarben, 90 x dunkelgrün, 6 x lila ● 4 goldene Perlstopper ● 24 gelbe Glasfacettperlen, Ø 6 mm ● 24 braune Glaswachsperlen Luster, Ø 6 mm ● 24 orange matte Kunststoffperlen, Ø 8 mm ● orange klare Kunststoffperlen: 60 x Ø 4 mm, 24 x Ø 8 mm ● 24 violettfarbene Kunststoffperlen, Ø 8 mm ● fliederfarbene Kunststoffperlen: 69 x Ø 4 mm, 24 x Ø 8 mm ● 6 crystalfarbene Swarovski Strass-Flachsteine, Ø 4 mm ● 30 cm Aludraht

Zunächst für die violettfarbene Lilie aus dem ersten Drahtstern an der Lötstelle vorsichtig einen Drahtstab abschneiden. Nun die Drahtstäbe laut Vorlagenbogen so bestücken, dass drei Blütenblätter entstehen. Den verbleibenden Drahtstab für ein Staubgefäß nach oben biegen. Danach aus dem zweiten Drahtstern wieder drei Blütenblätter fertigen. Die beiden leeren Drahtstäbe wieder nach oben biegen. Beide Blattrosetten versetzt übereinander legen und an der Lötstelle mit Draht befestigen.

Zum Schluss noch die Stiftperlen auf die restlichen drei Drähte fädeln und mit einer Perle abschließen. Die Lötstelle mit Dekofix betupfen und mit sechs Strass- Flachsteinen besetzen. Bei der orangefarbenen Lilie alle Drähte am Drahtstern belassen, da die Lilie mit vier Staubgefäßen bestückt wird. Arbeiten Sie die Blüte genau wie die violettfarbene Lilie, schließen aber die Staubgefäße mit Perlstoppern ab.

Schmetterling ***

Material

Drahtsterne 1 x Ø 15 cm, 1 x Ø 18 cm ● 140 gelbe Farfalle Perlen, Ø 2 x 4 mm ● 28 grüne Glasperlen, Ø 6 mm ● 1 silberne Perlkappe, Ø 8 mm ● 6 blaue Abschlussperlen ● 2 emerald AB-farbene Swarovski Facettperlen, Ø 6 mm ● 16 peridotfarbene Swarovski Facettperlen, Ø 4 mm ● sapphire AB-farbene Swarovski Facettperlen: 24 x Ø 4 mm, 16 x Ø 6 mm ● crystall AB-farbene Swarovski Facettperlen: 46 x Ø 4 mm, 20 x Ø 6 mm ● blaue Glasperlen: 6 x Ø 6 mm, 14 x Ø 6 mm ● 1 silberne Perlkappe, Ø 8 mm

Zuerst den großen Drahtstern laut Vorlagenbogen mit Perlen bestücken. Es entstehen so die vier Flügel. Nun den kleineren Drahtstern ebenfalls mit Perlen versehen. Arbeiten Sie zuerst den Körper, den Kopf und die Fühler. Jetzt die verbleibenden Drähte mit den Farfalle Perlen fädeln und darauf achten, dass bis zur Öse noch etwas Spielraum ist. Diesen braucht man für das Biegen der Drähte. Als Nächstes wird der Körper auf die Flügel (Lötstelle auf Lötstelle) gelegt und mit Silberdraht kreuzweise befestigt. Zum Schluss die Lötstelle mit Dekofix einstreichen und die Perlkappe auflegen. Die vier Flügelschmuckdrähte nach Belieben in die Flügel eindrehen.

Frühling

Schmetterling ***

Material

Drahtsterne: 2 x Ø 15 cm ● 1 goldene Perlkappe, Ø 6 mm ● 16 hellgrüne Abschlussperlen, Ø 6 mm ● 8 orange Stiftperlen, 2 x Ø 11 mm ● 8 orangefarbene matte Kunststoffperlen, Ø 6 mm ● 24 orange klare Kunststoffperlen, Ø 4 mm ● 28 orange klare Kunststoffperlen, Ø 3 mm ● 10 fliederfarbene Kunststoffperlen, Ø 6 mm ● braune Holzperlen: 69 x Ø 4 mm, 4 x Ø 6 mm ● 2 fliederfarbene Abschlussperlen, Ø 6 mm

Aus dem ersten Drahtstern die Flügel herstellen. Arbeiten Sie gemäß dem Vorlagenbogen und wie in der Arbeitsanleitung „So wird' s gemacht" auf Seite 5, beschrieben. Körper und Fühler entstehen aus dem zweiten Drahtstern. Hierfür drei Drähte laut Vorlagenbogen mit Perlen bestücken und mit einer Schlussperle zusammenfassen. Dann die beiden Fühler arbeiten und die drei verbleibenden Stäbe an der Lötstelle abtrennen. Den Körper auf die Flügel legen und mit Golddraht beide Teile verbinden. Zum Schluss auf die Lötstelle als Kopf eine Perlkappe aufkleben.

Teelichter *

Material

Drahtsterne: 2 x Ø 18 cm ● Stiftperlen: 16 x lila, 16 x orange, 11 x 2 mm ● orange Kunststoffperlen: 48 x Ø 4 mm, 24 x Ø 6 mm ● 24 orange matte Kunststoffperlen, Ø 6 mm ● 16 lila klare Kunststoffperlen, Ø 6 mm ● 32 braune Glaswachsperlen Luster, Ø 6 mm ● 8 lila Abschlussperlen, Ø 6 mm

Für den Teelichthalter beide Drahtsterne gemäß dem Vorlagenbogen mit Perlen bestücken und die Spitzen nach der orangefarbenen Perle mit 4 mm Durchmesser vorsichtig nach oben biegen. Nun die Sterne versetzt aufeinander legen, an der Lötstelle mit Golddraht kreuzweise befestigen und das Teelichtglas einsetzen.

Lilie auf Seite 6.

Seerosen

Seerosenblüten in Rosa und Weiß **

Material für die rosa Seerose

Drahtsterne: 2 x Ø 10 cm, 2 x Ø 15 cm ● 96 rote Plastikperlen, Ø 3 mm ● 112 rosa matte Glaswachsperlen Luster, Ø 6 mm ● 48 weiße matte Glaswachsperlen Luster, Ø 6 mm ● 24 pinke Glaswachsperlen, Ø 6 mm ● 1 weiße Glaswachsperle, Ø 8 mm ● 12 transparente Abschlussperlen, Ø 6 mm

Material für die weiße Seerose

Drahtsterne: 2 x Ø 10 cm, 2 x Ø 15 cm ● weiße runde Glasperlen: 100 x Ø 6 mm, 25 x Ø 8 mm ● 8 weiße Nugget Glasperlen ● 16 weiße Doppelkegel Glasperlen, Ø 6 mm ● gelbe Plastikperlen: 48 x Ø 3 mm, 64 x Ø 4 mm ● 12 transparente Abschlussperlen, Ø 6 mm

Zunächst von einem 10 cm großen Stern die Drähte mit dem Seitenschneider auf ca. 3 cm kürzen (ergibt die Staubgefäße). Dann alle vier Drahtsterne gemäß Vorlagenbogen mit Perlen versehen. Immer ein Blütenblatt nach dem anderen laut Arbeitsanleitung auf Seite 5 „So wird' s gemacht" arbeiten.

Als Nächstes die beiden großen Sterne - Lötstelle auf Lötstelle - aufeinander legen und durch kreuzweises Verdrehen mit Golddraht beide Teile befestigen. Um eine schöne Seerose zu erhalten, die Blätter vorsichtig nach oben biegen. Nun die kleine Blattrosette einlegen und darauf die eingekürzten Staubgefäße. Wieder wie vorn mit Draht befestigen und zum Schluss auf die Lötstelle eine weiße Perle aufkleben.

Seerosen-Knospe **

Material Knospe

Drahtsterne: 2 x Ø 10 cm, 1 x Ø 15 cm ● Glaswachsperlen, Ø 6 mm: 17 x weiß, 24 x rosa ● grüne Glasperlen: 32 x Ø 6 mm, 24 x Ø 8 mm ● 24 grüne Glasolivenperlen, Ø 6 mm ● 24 weiße Wachsoliven ● Abschlussperlen, Ø 6 mm: 4 x grün, 4 x transparent

Auch hier von einem Ø 10 cm großen Stern die Drähte auf etwa 3 cm kürzen. Alle Perlen werden nun laut Vorlagenbogen auf die Drahtsterne gefädelt und wie bei den Blüten beschrieben, fertig gestellt. Zum Schluss vorsichtig zur Knospe biegen.

Tipp: Eine schöne Glasvase mit blauem Deko-Kies füllen, ein oder zwei Seerosenblätter einlegen und die Perlen-Seerosen dazwischensetzen.

Sommer

Sonnenblume und Biene

Material für die Biene

Drahtsterne: 2 x Ø 15 cm ● Holzperlen, Ø 4 mm: 104 x weiß, 8 x gelb, 20 x schwarz ● Holzperlen, Ø 6 mm: 48 x weiß, 6 x gelb, 19 x schwarz ● 6 gelbe Holzperlen, Ø 8 mm ● 2 silberne Perlstopper ● Abschlussperlen, Ø 6 mm: 2 x gold, 4 x transparent

Biene ***

Zuerst die Flügel in einer 3er-Fädelung gemäß Vorlagenbogen fertigen. Zwei Drähte bleiben als Körper übrig und werden später verarbeitet. Nun den zweiten Drahtstern Lötpunkt auf Lötpunkt auf den Ersten legen. Jetzt den Kopf fertigen, indem die beiden äußeren Drähte durch das vordere Flügelpaar geschoben werden. Alle Perlen auffädeln und zusammen mit dem mittleren Draht durch eine Abschlussperle ziehen. Als Nächstes die hinteren Flügel arbeiten, indem wieder links und rechts je ein Drahtstab durch den vorderen Flügel geschoben wird.

Jetzt wieder jeden Flügel parallel mit Perlen bestücken und mit einer Abschlussperle zusammenfügen. Nun den Körper fertigen und mit einer Abschlussperle versehen. Als Letztes auf die sichtbare Lötstelle noch eine Perle aufkleben.

Material für Sonnenblume

Drahtsterne: 4 x Ø 15 cm ● Holzperlen, Ø 4 mm: 52 x gelb, 60 x braun ● Holzperlen, Ø 6 mm: 100 x gelb, 50 x braun ● Holzperlen, Ø 8 mm: 50 x gelb, 80 x grün ● 2 silberne Perlstopper ● 10 topazfarbene Abschlussperlen

Sonnenblume ***

Zu Beginn zwei Drahtsterne aufeinander legen und mit Golddraht kreuzweise über den Lötstellen fixieren. Nun aus drei Drähten laut Vorlagenbogen ein Blütenblatt fädeln und mit einer Abschlussperle schließen. Insgesamt werden fünf Blätter gefertigt, ein Drahtstab bleibt frei. Nehmen Sie den dritten Drahtstab und schneiden diesen mit dem Seitenschneider an der Lötstelle ab.

Als Nächstes drei Blütenblätter auffädeln und so auf den fertigen Blütenkranz auflegen, dass die beiden übrig gebliebenen Drähte aufeinander liegen. Diese ergeben später den Stiel. Die Blätter nun wieder mit Draht fixieren, schließlich am vierten Drahtstern vier Drähte entfernen und noch zwei Blütenblätter auffädeln, die dann ebenfalls mit Draht an der Blüte befestigt werden. Nun in die Blütenmitte Dekofix auftupfen und die restlichen Perlen lose aufbringen.

Abschließend den Stiel auffädeln. Die Perlen über die noch vorhandenen zwei Stäbe schieben und die abgeschnittenen Drähte von der Blüte immer wieder mit einschieben, sodass der Stiel verlängert wird. Man kann die Perlen für den Stiel aber auch auf einen separaten Aludraht auffädeln und an der Rückseite der Blüte befestigen.

Duftige Frühlingswiese

Material

Drahtsterne: 1 x Ø 15 cm, 8 x Ø 10 cm ● 144 grün-metallicfarbene Indianerperlen, Ø 3,5 cm ● 1 Keilrahmen: 40 x 40 cm ● Acrylfarben: lachs, goldgelb, hellgrün, dunkelgrün, taubenblau, hollunder ● 1 Flasche cremefarbenes 3-D Color

Tulpe

1 Drahtstern, Ø 15 cm ● 16 rosa Wachsperlen, Ø 3 mm ● 56 pinkfarbene Wachsperlen, Ø 6 mm ● Abschlussperlen: 1 x hellgrün, 3 x transparent

Margerite

2 Drahtsterne, Ø 10 cm ● 24 weiße Stäbchen-Glasperlen, 14 x Ø 4 mm ● gelbe Holzperlen: 11 x Ø 4 mm, 8 x Ø 6 mm

Weiße spitzblättrige Blüte

2 Drahtsterne, Ø 10 cm ● 120 matt-weiße Farfalle Perlen, Ø 3,2 x 6,5 mm ● gelbe Glaswachsperlen Luster: 20 x Ø 4 mm, 12 x Ø 6 mm ● 6 transparente Abschlussperlen

Lila Blüten

2 Drahtsterne, Ø 10 cm ● 160 lila-metallicfarbene Indianerperlen, Ø 3,5 cm ● 2 gelbe Glaswachsperlen Luster, Ø 4 mm ● 8 lila Abschlussperlen

Rosa Blüten

2 Drahtsterne, Ø 10 cm ● 2 gelbe Glaswachsperlen Luster, Ø 4 mm ● 123 rosa-metallicfarbene Indianerperlen, Ø 3,5 mm

Blaue Glockenblümchen

4 einzelne Drahtstäbchen (von weißer Blüte abgetrennt) ● 70 blau-metallicfarbene Indianerperlen, Ø 3,5 mm ● 2 peridotfarbene Glasperlen, Ø 6 mm

Schnecke

2 einzelne Drahtstäbchen (von Tulpe abgetrennt) ● 24 apricotfarbene Wachsperlen, Ø 3 mm ● 24 braune Indianerperlen, Ø 3 mm

Anleitung **

Den Keilrahmen mithilfe eines Schwämmchens mit den wasserverdünnten Farben in Hellgrün und Taubenblau grundieren.

Nach dem Trocknen im unteren Bereich mit 3-D Color Stiele, Blätter und Gräser aufmalen. Während die Masse etwa drei Stunden trocknet, die Blüten laut Vorlagenbogen fertigen.

Anschließend den Keilrahmen mit einem feuchten Schwämmchen betupfen und mit einem feinen Borstenpinsel Grashalme und Blätter zügig aufmalen. Durch das Mischen der Grüntöne mit Gelb erhält man viele Farbnuancen und somit eine lebendige Wiese. Am linken unteren Rand eine Blattpflanze aufmalen.

Nun alle 3-D Color Konturen mit verschiedenen Grüntönen nachmalen.

Anschließend etwas Dekofix Kleber an den oberen Stielenden auftragen und die Perlblüten eindrücken. Auf die Blattpflanze mit Dekofix die Adern malen und die grün-metallicfarbenen Indianerperlen in den Kleber drücken. Zum Schluss die Schnecke aufkleben.

Goldene Weihnachten

Engelchen zum Aufhängen *

Material

1 Drahtstern, Ø 10 cm ● 1 weiße Wachsperle, Ø 12 mm ● 1 goldfarbene Perlkappe, Ø 12 mm ● 2 transparente Abschlussperlen ● 40 crystalfarbene Swarovski Facettperlen, Ø 4 mm ● topazfarbene Swarovski Facettperlen: 6 x Ø 4 mm, 8 x Ø 6 mm ● light topazfarbene Swarovski Facettperlen: 10 x Ø 4 mm, 5 x Ø 6 mm

Fädeln Sie alle Perlen gemäß dem Vorlagenbogen auf den Drahtstern. Bevor die Perlkappe aufgesetzt wird, etwas Dekofix an der Kappe anbringen und das Engelshaar befestigen.

Engel zum Stellen ***

Material

3 Drahtsterne, Ø 15 cm ● 10 cm Golddraht ● 112 goldfarbene Oliven, 3 x 6 mm ● 1 weiße Wachsperle, Ø 14 mm ● 1 goldfarbene Perlkappe, Ø 14 mm ● 72 mattweiße Glaswachsperlen Luster, Ø 6 mm ● 10 topazfarbene Perloliven ● 16 topazfarbene Perlen, Ø 6 mm ● 23 topazfarbene gewellte Perlen ● Abschlussperlen: 9 x gold, 2 x transparent

Beim ersten Drahtstern auf jeden Stab zehn Oliven fädeln und dann immer zwei Stäbe mit einer Abschlussperle zusammenfassen. Stützen Sie nun mit Zeigefinger und Daumen die Lötstelle und biegen die verbundenen Drähte so ein, dass sie auf dem Tisch stehen bleiben und sich eine Rockform ergibt. Den zweiten Stern laut dem Vorlagenbogen mit Perlen versehen und genau wie den Ersten in Rockform biegen. Nun beide Teile versetzt übereinander legen und mit Draht über der Lötstelle fixieren. Nun kann der Rock nicht mehr verrutschen. Der dritte Stern ergibt die Flügel, den Kopf und den Körper. Fertigen Sie gemäß dem Vorlagenbogen zuerst die Flügel. Übrig bleiben noch zwei Drähte. Auf den unteren fädeln Sie drei gewellte Perlen. Dann den Draht in die Rockmitte biegen und nach hinten durchziehen. Den Draht hochbiegen und vier gewellte Perlen und eine Perlolive fädeln. Auf den oberen Draht zwischen den Flügeln eine Perlolive aufbringen und beide Drähte durch eine Abschlussperle schieben. Als Kopf setzen Sie die weiße Wachsperle, (14 mm) auf beide Drähte. Nun mit ein wenig Dekofix das Engelshaar befestigen und die Perlkappe als Krönchen aufsetzen. Den aus dem Kopf ragenden Draht kürzen und zur Öse biegen.

Großer und kleiner Stern

Material großer Stern

1 Drahtstern, Ø 15 cm ● goldfarbene Oliven: 8 x Ø 3 x 6 mm, 24 x Ø 4 x 8 mm ● 32 topazfarbene gewellte Perlen ● 8 topazfarbene Glasperlen, Ø 6 mm ● 8 cremefarbene Glaswachsperlen, Ø 6 mm ● 8 weiße Wachsperlen, Ø 10 mm

Material kleiner Stern

1 Drahtstern, Ø 10 cm ● goldfarbene Oliven: 16 x Ø 3 x 6 mm, 8 x Ø 4 x 8 mm ● 8 topazfarbene Glasperlen, Ø 6 mm ● 8 cremefarbene Glaswachsperlen, Ø 6 mm

Alle Perlen werden laut dem Vorlagenbogen aufgefädelt und mit einem schmalen Band oder Perlonfaden versehen.

Dekorativ

Dekorative Gebrauchsgegenstände

Material

Drahtsterne: 3 x Ø 10 cm, 2 x Ø 15 cm ● 1 Papp Art Serviettenbox, 19 x 19 x 8 cm ● 1 Papp Art Serviettenring mit Prägung ● 1 Dose silberne Decoupaste ● 1 Borstenpinsel ● 1 Holzspatel ● 4 silberne Perlkappen, Ø 6 mm ● 4 jet AB-farbene Strass-Flachsteine, Ø 4 mm ● carribean blue Facettperlen opal: 32 x Ø 4 mm, 52 x Ø 6 mm ● crystal AB-farbene Swarovski Facettperlen: 32 x Ø 4 mm, 52 x Ø 6 mm ● Abschlussperlen: 12 x türkis, 4 x transparent, Ø 6 mm ● jet AB-farbene Swarovski Facettperlen: 184 x Ø 4 mm, 16 x Ø 6 mm

Serviettenbox und Ring *

Mit dem breiten Borstenpinsel zuerst den Ring und die Boxinnenseite mit Decoupaste bemalen. Wenn die Paste gut getrocknet ist, die Außenseite der Box bearbeiten. Hier wird die Paste etwas dicker aufgetragen. Nun das Schmuckornament gemäß dem Vorlagenbogen auffädeln und zurechtbiegen. Mithilfe des Holzspatels etwas Decoupaste auf die Box und den Ring auftragen und die Schmuckornamente aufdrücken. Danach gut trocknen lassen.

Stern *

Gemäß Vorlagenbogen alle Perlen auf die Drahtsterne fädeln und wie auf Seite 5 „So wird' s gemacht – Dreifachstern" beschrieben, den Stern fertig stellen.

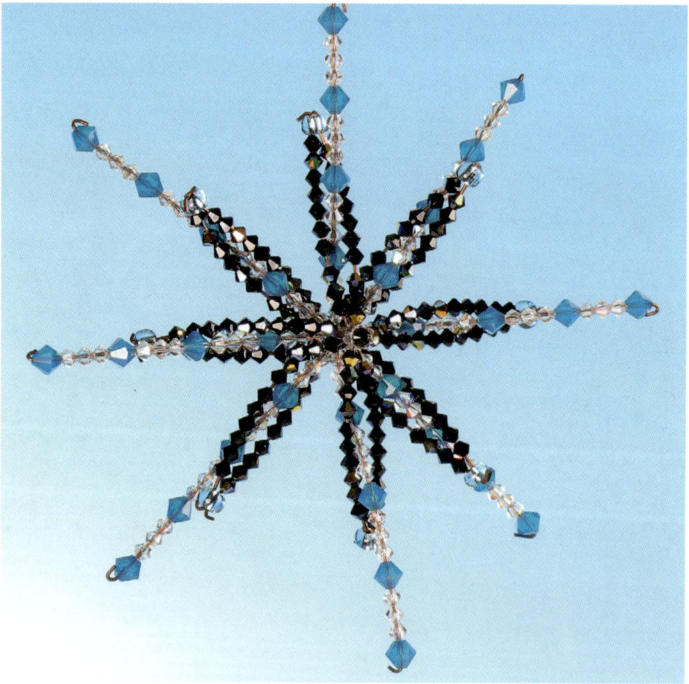

Ice-Flowers

Tipp: Mehrere Hänger in unterschiedlicher Länge ergeben einen nicht alltäglichen Vorhangersatz.

Ice Flower Töpfe **

Zinkblechtöpfe: 1 x 10 x 10 cm, 1 x 13 x 13 cm ● 1 Trockensteckziegel ● 1 Christrosenzweig ● 1 Efeuzweig mit Tautropfen ● 2 Tannenzweige, 22 cm ● 13 - 15 Tannenzapfen von Kiefer und Douglasie ● 1 Packung Dekoschnee ● Band „Ice Flowers“: 1 m lang, 25 mm breit, 1 m lang, 40 mm breit ● Schneefarbe ● Dekofix Kleber ● 1 Dose silberner Brillant Glitter fine

Doppelte Eisblume für den Topf

Drahtsterne: 1 x Ø 15 cm, 1 x Ø 18 cm ● 1 silberfarbene Perlkappe ● 12 transparente Abschlussperlen ● klare, transparente Kunststoffperlen: 24 x Ø 4 mm, 32 x Ø 6 mm, 24 x Ø 8 mm ● frostyfarbene Kunststoffperlen: 32 x Ø 4 mm, 32 x Ø 5 mm, 48 x Ø 6 mm, 8 x Ø 8 mm

Kleine Eisblume für den Topf

1 Drahtstern, Ø 10 cm ● 4 silberfarbene Perlstopper ● 16 weiße Farfalle-Perlen, Ø 3,2 x 6,5 mm ● 8 klare transparente Kunststoffperlen, Ø 6 mm ● frostyfarbene Kunststoffperlen: 16 x 4 mm, 4 x 8 mm ● 2 Filz-Schneeflocken

Zu Beginn laut Vorlagenbogen die Perlen auf die Drahtsterne fädeln und diese dann für die große Blume versetzt aufeinander legen. An der Lötstelle mit Silberdraht fixieren und mit einer Perlkappe abdecken. Vom kleinen Drahtstern vier Stäbe mit Perlen bestücken und die restlichen vier Drähte zuerst mit Schneefarbe einstreichen. Nach dem Trocknen Dekofix auftragen und mit dem Glitter bestäuben. Anschließend die beiden Filz-Schneeflocken aufkleben. Befestigen Sie nun die Eisblumen mit der Klebepistole an den Topfvorderseiten. Nun ein etwa 20 cm langes Wickeldrahtstück um jeden Zapfen legen und verdrehen. Danach mit dem Pinsel etwas Schneefarbe auftragen und trocknen lassen. Ordnen Sie nun alle Materialien zu einem gefälligem Gesteck an. Zum Schluss auf Efeu, Blüten und Zapfen etwas Dekofix auftragen und mit Dekoschnee bestreuen.

Fensterhänger Ice- Flower

2 Drahtsterne, Ø 15 cm ● 2 weiße Metallornamente ● 2 silberfarbene Perlkappen ● 60 weiße Farfalle-Perlen ● 6 transparente Abschlussperlen ● klare, transparente Kunststoffperlen: 36 x Ø 4 mm, 48 x Ø 6 mm, 24 x Ø 8 mm ● frostyfarbene Kunststoffperlen: 30 x Ø 6 mm, 12 x Ø 8 mm

Die Perlen laut Vorlagenbogen auf die Drahtsterne fädeln, aufeinander legen und mit Silberdraht fixieren. Die Lötstellen mit den Perlkappen verdecken. Danach die restlichen Perlen auf den Silberdraht fädeln und die Ornamente anbringen. Die Eisblume in der Mitte anbringen. Fertig ist ein wunderschöner Fensterhänger.

Eisblumen

Große Eisblume

2 Drahtsterne, Ø 10 cm • 2 silberfarbene Perlkappen, Ø 8 mm • 12 transparente Abschlussperlen • 24 klare, transparente Kunststoffperlen: 48 x Ø 3 mm, 48 x Ø 4 mm, 48 x Ø 6 mm

Kleine Eisblume

1 Drahtstern, Ø 10 cm • 4 silberfarbene Perlstopper • 32 matte, transparente Farfalle-Perlen, Ø 3,2 x 6,5 mm • klare, transparente Kunststoffperlen: 8 x Ø 6 mm, 4 x Ø 8 mm • 2 Filz-Schneeflocken, Ø 3 cm

Modern

Windlichtglas **

Material

2 Drahtsterne, Ø 10 cm ● 2 silberfarbene Perlkappen, Ø 6 mm ● 8 transparente Abschlussperlen ● 16 black diamondfarbene Swarovski Facettperlen, Ø 6 mm ● crystalfarbene Swarovski Facettperlen: 48 x Ø 4 mm, 16 x Ø 6 mm ● jetfarbene Swarovski Facettperlen: 48 x Ø 4 mm, 16 x Ø 6 mm ● silberfarbene Dekokordel ● Dekostoff Taft Flockprint ● 1 weiße Kerze ● 1 Dose schwarzer Dekokies ● Windlichtglas

Zuerst die Drahtsterne gemäß dem Vorlagenbogen mit Perlen bestücken und mit den Abschlussperlen zusammenfassen. Nun das Windlichtglas mit Dekokies füllen und die Kerze einstellen. Danach die Kordel am Glas befestigen und zum Schluss den Stern Anbringen.

Stern (schwarz-weiß)

1 Drahstern ● 24 weiße Wachsoliven ● 34 silberne Perlkappen ● schwarze Wachsperlen: 32 x Ø 4 mm, 16 x Ø 6 mm ● weiße Wachsperlen: 8 x Ø 12 mm, 8 x Ø 14 mm

Fädeln Sie alle Perlen gemäß dem Vorlagenbogen auf den Drahtstern. An einem Perlonfaden aufhängen.

Stern (schwarz-silber)

Material

1 Drahtstern, Ø 15 cm ● 4 silberfarbene Filigran-Schmuckperlen, Ø 11 mm ● 4 silberfarbene Strass-Filigranperlen, Ø 10 mm ● 20 black diamondfarbene Swarovski Facettperlen ● crystallfarbene Swarovski Facettperlen: 24 x Ø 4 mm, 4 x Ø 6 mm ● jetfarbene Swarovski Facettperlen: 16 x Ø 4 mm, 28 x Ø 6 mm

Anleitung wie Stern (schwarz-weiß).

Sterncollage

Material

1 Keilrahmen 40 x 40 cm ● 1 Dose Schneefarbe ● Acrylfarben: taubenblau, braun ● 1 Päckchen Dekoschnee ● Drahtsterne: 1 x Ø 10 cm, 1 x Ø 15 cm, 1 x Ø 18 cm

Stern 10 cm, Hellblau-Braun

1 Drahtstern, Ø 10 cm ● 20 silberfarbene Oliven, 3 x 6 mm ● 4 hellblaue Kunststoffperlen, Ø 8 mm ● 16 dunkelbraune Indianerperlen, Ø 2,2 mm ● 16 hellblaue Glaswachsperlen Luster matt, Ø 4 mm ● Glaswachsperlen Luster matt Ø 6 mm: 4 x hellblau, 13 x hellbraun

Stern 15 cm, Blau-Braun-Weiß

1 Drahtstern, Ø 15 cm ● 4 silberfarbene Oliven, 3 x 6 mm ● 4 Silberperlen, Ø 8 mm ● 32 transparente Kunststoffperlen, Ø 4 mm ● 8 weiße Wachsperlen, Ø 10 mm ● 4 braune Glaswachsperlen Luster, Ø 8 mm ● Glaswachsperlen Luster, Ø 6 mm: 9 x braun, 20 x blau, 12 x hellblau

Stern 18 cm, Blau-Braun-Strass

1 Drahtstern, Ø 18 cm ● 24 weiße Wachsoliven, 4 x 8 mm ● 4 silberfarbene Strass-Kugeln, Ø 10 mm ● 8 silberfarbene Perlkappen, Ø 8 mm ● 28 dunkelbraune Indianerperlen, Ø 2,2 mm ● braune Glaswachsperlen Luster: 16 x Ø 4 mm, 16 x Ø 8 mm ● 12 blaue Glaswachsperlen Luster, Ø 6 mm ● 20 hellblaue Glaswachsperlen Luster matt, Ø 6 mm ● 1 saphirefarbener Swarovski Strass- Flachstein, Ø 4 mm

Für die kleinen Schmuckelemente

2 hellblaue Kunststoffperlen, Ø 8 mm ● 8 weiße Wachsoliven, 4 x 8 mm ● 5 sapphirefarbene Swarovski Strass-Flachsteine, Ø 4 mm ● braune Glaswachsperlen Luster: 30 x Ø 4 mm, 8 x Ø 6 mm

Arbeitsanleitung

Zu Beginn den Keilrahmen mithilfe eines breiten Borstenpinsels an allen Seiten ungleichmäßig etwa vier bis acht Zentimeter mit Schneefarbe einstreichen. Gut trocknen lassen.

Nun die Acrylfarben mit Wasser verdünnen und mit dem Schwämmchen nach Belieben grundieren. Im mittleren Bereich die blaue Grundierung mit etwas dunklerem Braun umranden.

Nach dem Trocknen diesen Teil mit Dekofix Kleber einstreichen, den Dekoschnee aufstreuen und trocknen lassen. Inzwischen die drei Sterne gemäß dem Vorlagenbogen fertigen und mit der Heißklebepistole auf den Keilrahmen kleben.

Abschließend die kleinen Schmuckelemente fertigen. Etwas Dekofix Kleber auftragen und die Perlen lose eindrücken.

Aparter Barockrahmen

Material

1 Papp Art Rahmen mit Barockprägung, 33 x 33 cm ● 1 Serviette „Ornamentik“ ● 1 Dose Decoupage Kleber ● 1 Flasche 3-D Color ● 1 Flasche Decoupaint gold ● 1 Dose Efcostone carrara quarz ● 1 Dose Decoupaste schwarz ● 1 Dose Schneefarbe ● 1 Flasche Krakelierlack ● 1 Drahtstern, Ø 10 cm ● 8 goldene Perlstopper ● 17 goldene Perlkappen, Ø 8 mm ● 8 goldene Oliven, 3 x 6 mm ● 16 weiße Glasperlen, Ø 8 mm ● schwarze Wachsperlen: 32 x Ø 4 mm, 8 x Ø 8 mm

Arbeitsanleitung ***

Zu Beginn den Rahmen mithilfe eines breiten Borstenpinsels mit schwarzer Decoupaste dünn bestreichen und trocknen lassen. Inzwischen die Ornamentbordüre aus der Serviette ausschneiden und mit Decoupage Kleber ca. 7 cm vom linken inneren Rand senkrecht aufkleben.

Nun die Innenseite des Rahmens bis auf die Ornamente mit schwarzer Decoupaste einstreichen. Wenn diese getrocknet ist, die linke Seite bis zu der Ornamentbordüre mit Krakelierlack bestreichen und nach dem Trocknen darauf die Schneefarbe in zwei Schichten auftragen. Bestreichen Sie nachfolgend die rechte Seite bis zur Bordüre und die inneren Seitenteile mit Efcostone. Nun die Konturen der Ornamente mit 3-D Color nachmalen und nach dem Trocknen mit goldener Decoupaint-Farbe überstreichen.

Zum Schluss den etwas höher gelegten schmalen Rahmen sowie die geprägten Ornamente auf dem breiten Rahmen mit einem feinen Pinsel in Gold nachzeichnen. Zum Trocknen beiseite legen und inzwischen laut Vorlagenbogen den Stern fertigen. Dieser wird mit der Heißklebepistole mittig im rechten Feld aufgeklebt.

Advent Rot-Gold

Adventskranz

Material

4 Drahtsterne Ø 12 cm ● 32 goldfarbene Stabperlen, 2 x Ø 20 mm ● 32 goldfarbene Oliven, Ø 3 x 6 mm ● 128 cremefarbene Glaswachsperlen Luster, Ø 6 mm ● 64 goldfarbene Perlkappen, Ø 8 mm ● 80 topazfarbene Abschlussperlen ● rote Glasperlen: 64 x Ø 6 mm, 32 x Ø 8 mm ● 1 Tannenkranz, Ø 35 cm ● 4 weiße Kerzen, Ø 5 cm ● 1 Dose goldenes Brillant Glitter ● 1 Flasche Dekofix ● 4 Messingkerzenhalter ● Band „Exclusive", 2 m lang, 2,5 cm breit

Zuerst die Drahtsterne gemäß dem Vorlagenbogen mit Perlen bestücken. Es werden immer zwei nebeneinander liegende Stäbe gefädelt und nach der Olive nach oben gebogen. So wird vermieden, dass die Stabperlen brechen. Nach Fertigstellung die Kerzenhalter mit der Klebepistole auf die Messingkerzenhalter kleben. Als Nächstes die Tannenzweige des Kranzes gleichmäßig anordnen und die Kerzenhalter mit der Klebepistole fixieren. Nun das Band in vier gleichgroße Teile schneiden und mit Golddraht zu schönen Schleifen binden. Diese zwischen die Kerzenhalter kleben. Streichen Sie nun mithilfe eines breiten Borstenpinsels die Kerzen gleichmäßig mit Dekofix ein. Die Kerzen auf einen Teller stellen und mit Brillant Glitter bestreuen. Nach dem Trocknen in die Kerzenhalter stellen.

Einfacher Stern *

Material

1 Drahtstern, Ø 15 cm ● 4 goldfarbene Filigranschmuckperlen, Ø 11 mm ● 8 goldfarbene Strass-Filigranperlen, Ø 10 mm ● 20 mattgoldene Wachsperlen, Ø 4 mm ● 8 topazfarbene Abschlussperlen ● 12 rote Doppelkegel Glasperlen, Ø 6 mm ● rote Glasperlen: 12 x Ø 6 mm, 4 x Ø 8 mm ● matte Glaswachsperlen Ø 6 mm: 8 x creme, 12 x braun

Gemäß dem Vorlagenbogen die Perlen auf die Drähte fädeln. Der Stern eignet sich besonders gut als Christbaumschmuck, da die Strasssteine im Lichterglanz besonders schön funkeln.

Doppelstern *

Material

2 Drahtsterne, Ø 15 cm ● 16 goldene Filigranschmuckperlen, Ø 11 mm ● 2 goldfarbene Perlkappen, Ø 12 mm ● 8 rote Abschlussperlen ● rote Swarovski Facettperlen: 16 x Ø 4 mm, 72 x Ø 6 mm ● topazfarbene Swarovski Facettperlen: 72 x Ø 4 mm, 16 x Ø 6 mm

Die beiden Drahtsterne wie auf Seite 5 „So wird' s gemacht - Doppelstern" beschrieben, laut Vorlagenbogen mit Perlen bestücken.

Der Stern eignet sich sehr gut als Fensterhänger.

Sterne *

Material für den großen Stern

1 Drahtstern, Ø 15 cm • 4 silberne Stiftperlen 8 weiße Wachsperlen • 20 schwarze Doppelkegel-Glasperlen, Ø 6 mm • Glaswachsperlen, Ø 6 mm: 24 x hellgrau, 24 x rosa

Material für den kleinen Stern

1 Drahtstern, Ø 10 cm • 8 silberne Oliven, 4 x Ø 8 mm • 16 schwarze Doppelkegel-Glasperlen, Ø 6 mm • Glaswachsperlen, Ø 6 mm: 16 x hellgrau, 16 x rosa

Beide Sterne laut Vorlagenbogen fertigen.

Tipp: Diese Sterne wirken auch in anderen Farbstellungen sehr schön und sind hervorragend als Christbaumschmuck geeignet. Lassen Sie Ihrer Fantasie freien Lauf!

Romantisch

Kugelschmuck

Material

1 Drahtstern, Ø 10 cm • 8 goldfarbene Oliven • 32 goldfarbene Perlkappen, Ø 6 mm • 8 mattgoldene Wachsperlen, Ø 8 mm • 16 cremefarbene Glaswachsperlen Luster matt, Ø 6 mm • 32 jetfarbene Swarovski Facettperlen, Ø 6 mm

Alle Perlen laut Vorlagenbogen auffädeln und den Stern auf eine Christbaumkugel mit Heißkleber aufkleben. Damit die Kugel nicht nach vorne kippt, empfehle ich einen zweiten Stern zu fertigen. Dieser wird auf der Kugelrückseite aufgebracht.

Geschenkanhänger

Material

1 Drahtstern, Ø 10 cm • 4 goldfarbene Oliven, • 4 mattgoldene Wachsperlen, Ø 6 mm 20 jetfarbene Swarovski Facettperlen, Ø 4 mm • 4 schwarze Kunststoffperlen, Ø 8 mm rote Swarovski Facettperlen: 24 x Ø 4 mm, 16 x Ø 6 mm • goldfarbene Perlkappen: 2 x Ø 6 mm, 8 x Ø 8 mm

Den Drahtstern gemäß Vorlagenbogen mit Perlen bestücken. Als Anhänger an Flaschen wirkt er besonders schön.

Tischkartenhalter

Material

1 Drahtstern, Ø 18 cm • 36 goldene Oliven • 8 mattgoldene Wachsperlen, Ø 8 mm • 20 rote Kunststoffperlen, Ø 8 mm • 4 goldene Schmuckperlen, Ø 10 mm • schwarze Wachsperlen: 16 x Ø 4 mm. 16 x Ø 6 mm • 1 Christbaumkugel • goldfarbener Glitter

Den Drahtstern laut Vorlagenbogen fertigen und mittig auf der Christbaumkugel fixieren. Anschließend ein Stück Papier falten und von der Faltkante ausgehend ein Herz ausschneiden. Nun beschriften und die freie Fläche mit Dekofix bestreichen. Den Glitter aufstreichen und trocknen lassen. Zum Schluss das Herz auseinander biegen und an der Aufhängeöse der Kugel befestigen.

Kirschen
Likör

Christine

Edle Weihnachtsdeko

Poinsetta ***

Material

Drahtsterne: 2 x Ø 10 cm, 1 x Ø 15 cm, 2 x Ø 18 cm • 94 grüne Walzenperlen, Ø 4 x 6 mm • 64 grüne Glasperlen, Ø 6 mm • 7 gelbe Glaswachsperlen, Ø 4 mm • rote Glaswachsperlen: 3 x Ø 4 mm, 30 x Ø 6 mm • rote Swarovski Facettperlen: 56 x Ø 4 mm, 16 x Ø 6 mm • dunkelrote Swarovski Facettperlen: 64 x Ø 4 mm, 64 x Ø 6 mm • Abschlussperlen: 13 x rot, 7 x grün

Zunächst die beiden 18 cm großen Drahtsterne aufeinander legen und mit Draht über der Lötstelle befestigen. Dann gemäß dem Vorlagenbogen die Perlen auffädeln. Ein Blatt wird mit den roten Perlen versehen und später nach oben gebogen. Nun den 15 cm großen Drahtstern mit Perlen bestücken und zwei Blütenblätter vorsichtig zur Seite biegen, damit sich das schon gefertigte rote Blütenblatt gut einfügen lässt. Anschließend werden die 10 cm großen Drahtsterne gefertigt. Um ein natürliches Aussehen zu erhalten, alle Blütenblätter etwas verbiegen. Jetzt alle Blütenteile mit Draht über der Lötstelle fixieren mit Dekofix bestreichen und die restlichen Perlen als Staubgefäße einsetzen.

Teelichthalter

Material

runder Papp Art Teelichthalter • 1 Drahtstern, Ø 10 cm • siamfarbene Swarovski Facettperlen: 8 x Ø 4 mm, 4 x Ø 6 mm • rote Glaswachsperlen Luster: 24 x Ø 4 mm, 4 x Ø 8 mm • 16 grüne Glasperlen, Ø 6 mm • 8 grüne Olivenglasperlen • 8 goldfarbene Perlkappen, Ø 8 mm • goldene Decoupaste

Zu Beginn den Papp Art Teelichthalter mit der Decoupaste bemalen und zum Trocknen beiseite stellen. Dann den Drahtstern laut Vorlagenbogen mit Perlen bestücken. Auf den gut getrockneten Teelichthalter einen Klecks Decoupaste geben und einen Stern auf die Paste drücken. Zuletzt den Halter mit einem Teelicht bestücken.